Noam Chomsky

Von Staaten und anderen Schurken

EUROPA VERLAG

NOAM CHOMSKY

VON STAATEN UND ANDEREN SCHURKEN

Aphorismen und Sarkasmen

Ausgewählt und übersetzt
von Michael Haupt

Europa Verlag
Hamburg · Leipzig · Wien

Die Deutsche Bibliothek – CIP Einheitsaufnahme
Ein Titeldatensatz für diese Publikation ist bei der Deutschen Bibliothek erhältlich.

Erstausgabe

Umschlaggestaltung: Frauke Weise
DTP, Satz und Layout: Paxmann/Teutsch Buchprojekte, München
Druck und Bindung: GGP Media GmbH, Pößneck
ISBN: 3-203-78041-0

Informationen über unser Programm erhalten Sie beim
Europa Verlag, Neuer Wall 10, 20354 Hamburg oder unter www.europaverlag.de

Vorwort

Spätestens seit die Vereinigten Staaten nach dem Ende des Kalten Kriegs zur alleinigen Vormacht in der Welt aufgestiegen sind und sogleich den festen Willen bekundeten, diesen Status nicht nur zu erhalten, sondern nach allen Kräften auszubauen, ist Noam Chomsky zur Ikone all jener geworden, die eben diese Vorherrschaft im Zeichen der Globalisierung mißtrauisch betrachten, kritisieren und bekämpfen. Mehrere Filme wurden über ihn gedreht; wo immer er auftritt, zieht er ein tausendköpfiges Publikum an, und noch der Ruhm, den jetzt ein Michael Moore mit seinen polemischen Dokumentationen im Kino und auf dem Buchmarkt erlangt, wäre ohne Chomskys jahrzehntelange publikatorische Vorarbeit wohl nicht so groß gewesen.

Dieser Erfolg mag umso mehr erstaunen, als Chomsky das genaue Gegenteil eines Volkstribunen ist. Seine öffentlichen Auftritte sind denkbar unspektakulär; er spricht leise, ohne rhetorische Emphase, eher mit dem Habitus des analysierenden Wissenschaftlers, verzichtet aber auf hochgeschraubtes Vokabular, verleiht vielmehr seinen Worten durch schlichte Prägnanz Gewicht und gibt den Zuhörenden das Gefühl, hier auf jemanden zu treffen, der es ernst meint, der weiß, wovon er redet und der eben darum auf alles schmückende Beiwerk verzichten kann. Und noch diese Haltung kommt nicht als Gestus daher: Chomsky verkauft keine Überzeugungen, repräsentiert keine Ernsthaftigkeit, sondern ist in jedem Satz, den er mit beiläufigem Nachdruck ausspricht, ganz derjenige, der er ist – eine moralische Instanz, deren Wertungen, darauf legt er größten Wert, auf Tatsachen beruhen.

Nicht anders der Autor Chomsky, dem man vieles nachsagen kann, keineswegs jedoch glänzenden Stil oder prunkende Metaphorik. Sätze sind dazu da, um Informationen zu übertragen und zugleich anhand von zwei bis drei Zitaten Tatsachen oder ihre Verfälschung in der US-Presse darzulegen. Bestenfalls erfolgt hier und da ein sarkastisch-bitterer Seitenhieb auf die »intellektuelle Kultur«, die immer bereit ist, jedweder Barbarei – wenn's denn dem Staat und der Wirtschaft nützt – die Hand zu reichen oder diskret zu beschweigen, was Potentaten in fernen Ländern mit Washingtoner Hilfe an Untaten so alles verüben.

Aber es gibt auch noch einen anderen Chomsky: einen, der, zumeist in den Fragerunden nach Vorträgen oder in spontanen Diskussionen, gern einmal vom Leder zieht oder Privates mitteilt, das Bonmot nicht scheut und die zugespitzte Bemerkung liebt. Hier tritt, was sonst eher in Nebenbemerkungen daherkommt, in den Vordergrund, sorgt beim Publikum für Heiterkeit oder Empörung und läßt erkennen, daß der sachliche Kritiker ein angriffslustiger Sarkastiker sein kann, der sich ansonsten, um der Sache willen, Zügel anlegt, weil er dem »zwanglosen Zwang des besseren Arguments« (Habermas) verpflichtet ist.

Doch warum nicht einmal dies: Polemik, Sarkasmus, Iro-

nie, bisweilen auch ohne tiefere Bedeutung? Die treffende Pointe ärgert den Getroffenen, erfreut jedoch die Zuhörer (abgesehen von jenen, die sich mitgetroffen fühlen).
Die vorliegende Auswahl möchte diesen anderen Chomsky vorstellen; einen Chomsky, der witzig, scharf, böse formuliert oder einfach ganz kleine Geschichten, Anekdoten fast, mitteilt, in denen das geistige Klima einer Epoche Kontur erhält. Daß zur Form die lexikalische gewählt wurde, hat weniger mit Respekt vor Chomskys enzyklopädischem Wissen zu tun als es den Versuch darstellt, Witz und Ernst miteinander in Einklang zu bringen statt die Gedanken thematisch zu sortieren und damit doch wieder der sonst obwaltenden politischen Publikation anzugleichen.
Die Auswahl besorgte der Herausgeber, von dem auch die Überschriften stammen. Die Zitate sind ausnahmslos den bisher im Europa Verlag erschienenen Büchern Chomskys entnommen, mit Sigle und Seitenzahl nachgewiesen und hier und da, was die Herauslösung aus dem Kontext nötig machte, stilistisch überarbeitet worden.

Michael Haupt

Siglen (siehe Seite 96)

A – The Attack; AM – Eine Anatomie der Macht; H – Hybris; MC – Media Control; OWN – Offene Wunde Nahost; POP – Profit Over People; PT – Power and Terror; PWR – People Without Rights; WAP – War Against People.

Abenteuer, aussenpolitische

Manchmal ist es notwendig, die Bevölkerung, und sei es mit der Peitsche, zur Befürwortung außenpolitischer Abenteuer zu bewegen. (MC 36)

♦

Aggression

Ich habe niemals von einem Staat gehört, der zugibt, eine Aggression begangen zu haben; alle Staaten sind, egal, was sie tun, fortwährend mit »Verteidigung« beschäftigt, notfalls mit »Präventivverteidigung« oder dergleichen. (AM 56f.)

○

Alternative

Für die Bereitschaft politischer Führer, ungeachtet möglicher Katastrophen auf die Androhung oder Anwendung von Gewalt zu setzen, gibt es genügend historische Beispiele. Heute jedoch sind die Risiken höher als je zuvor, denn die Alternative lautet: Hegemonie oder Überleben. (H 11)

Andorra

Der mächtigste Staat der Welt wird keine internationale Autorität akzeptieren. Das würde auch kein anderer Staat tun, wenn er dazu in der Lage wäre, auch Andorra nicht. Aber in der wirklichen Welt können nur die Mächtigen tun, was ihnen beliebt. (PT 29)

★

Anglophilie

Damals, in den fünfziger Jahren, war man in Harvard sehr anglophil; man trug englische Kleidung und gab vor, mit englischem Akzent zu sprechen. Tatsächlich liefen da Typen herum, die ich für Briten hielt, obwohl sie noch nie außerhalb der Vereinigten Staaten gewesen waren. Irgendwie überlebte ich das alles, wenn ich auch heute noch nicht weiß, wie – die meisten aber schafften es nicht. Immerhin fand ich heraus, daß ein großer Teil der Ausbildung an den echten Elite-Institutionen darin besteht, die sozialen Tugenden zu erlernen, d. h. zu wissen, wie man sich angemessen kleidet, wie man richtig Portwein trinkt, wie man höfliche Konversation treibt, ohne ernste Themen zu berühren, dabei aber durchblicken läßt, daß man durchaus bereit sein könnte, über ernste Themen zu reden, wenn man sich zu einer solchen Vulgarität herablassen würde. (AM 298)

Angst

Während des Golfkriegs von 1991 änderte ich meine Pläne für Vortragsreisen und nahm Einladungen aus den reaktionärsten Regionen der USA an, weil ich neugierig war, was ich dort zu hören bekommen würde.

Ich besuchte einen von Militärstützpunkten umgebenen Ort in Georgia; ich fuhr nach Lehigh, Pennsylvania, einer sehr nationalistischen Arbeiterstadt, und hielt Vorträge in einigen konservativen Städten in Massachussetts wie Appalachia und dergleichen. Überall waren die Menschen vor Angst wie von Sinnen, was bisweilen zu erstaunlichen Erlebnissen führte.

So gibt es z. B. in Nordkalifornien ein College namens Chico State, wo Typen wie Reagan und Shultz ihre Kinder hinschicken, damit sie nicht von den »Linken« in Berkeley verdorben werden. Der Ort ist auf allen Seiten vierhundert Meilen weit von Kornfeldern, oder was immer da angebaut wird, umgeben und man landet auf einem Flughafen, der etwa so groß ist wie eine Doppelhaushälfte.

Ich wurde von einem Studenten und einem Fakultätsmitglied empfangen, die vermutlich die kleine radikale Minderheit von Chico State repräsentierten. Als wir zu ihrem Wagen gingen, bemerkte ich, daß der Weg dorthin ziemlich weit war, weil man den ganzen Flughafen mit gelbem Polizeiband abgesperrt hatte. Ich fragte die beiden: »Was geht hier vor, wird die Landebahn erneuert?« Und sie antworteten: »Nein, damit soll der Flughafen vor arabischen Terroristen geschützt werden.« »Arabische Terroristen in Nordkalifornien?« Ja, genau, arabische Terroristen in Nordkalifornien. In der Stadt liefen alle mit Armeeklamotten herum und verkündeten: »Wenn Saddam kommt, kämpfen wir bis zum Tod.« (AM 220f.)

☼

Anstand

Das Minimum an moralischem Anstand wäre die Bereitwilligkeit, sich den eigenen Vergehen in aller Offenheit zu stellen. (WAP 129)

■

Antipersonenbomben

Als das Pentagon gefragt wurde, ob es eine Möglichkeit gebe, die Hunderttausende von Antipersonenbomben zu beseitigen, die heute noch in bestimmten Gegenden von Laos Kinder töten, reagierte es mit der hilfreichen Empfehlung: »Die Leute sollten nicht in diesen Gebieten leben. Sie kennen das Problem.« (MC 92)

Anzeigenkunden, arabische

Ich fragte einmal einen Herausgeber des Boston Globe, warum ihre Berichterstattung über den Palästinakonflikt so schrecklich sei. Er lachte nur und meinte: »Was glauben Sie, wieviele arabische Anzeigenkunden wir haben?« Ende des Gesprächs.

(AM 36)

▼

Anzeigenvolumen

Wie andere Firmen, verkaufen die Medien an Kunden ein Produkt auf dem Markt. Ihr Markt ist die Werbung, ihre Kunden sind die Auftraggeber für Anzeigen, ihr »Produkt« sind die Konsumenten, deren Wohlhabenheit das Anzeigenvolumen erhöht. (MC 62)

✧

Argumente, fehlende

Bei Derrida oder Lacan oder Althusser verstehe ich kein Wort. Ich kann der Argumentation nicht folgen, weil ich überhaupt keine Argumente finde, und was nach Beschreibung von Tatsachen aussieht, scheint mir falsch zu sein. Vielleicht fehlen mir ein paar Gene. Aber ich glaube, ehrlich gesagt, eher, daß es Betrügerei ist. (AM 288)

Ausplündern

Es ist nicht leicht, Menschen davon zu überzeugen, daß die Reichen die Armen ausplündern sollten; ein PR-Problem, das bis jetzt noch nicht gelöst wurde. (POP 61)

✱

Autorität

Weltmächte beugen sich keiner Autorität. (MC 18)

Bedürfnisse, menschliche

Vernünftige gesellschaftliche Planung zugunsten der menschlichen Bedürfnisse gilt einstweilen noch als subversiv. (AM 382)

✧

Bildschirm

Die Leute sollen vor dem Fernseher sitzen und sich die Botschaft einhämmern lassen, es sei am wichtigsten, dieses oder jenes Produkt zu kaufen und das Leben der reichen Mittelstandsfamilie zu führen, die einem auf dem Bildschirm vorgeführt wird, und ansonsten möglichst harmonisch und amerikanisch sein. Das ist das Ideal der Privatwirtschaft und der PR-Industrie. (MC 35)

✡

Binsenweisheit, moralische

Der ethische Wert der eigenen Handlungen hängt von den voraussichtlichen Folgen ab, die sie für andere Menschen haben werden. Das ist für mich eine grundlegende moralische Binsenweisheit. (AM 349)

Brechstange

Drastische Eingriffe mit dem Ziel, den Menschen oder die Gesellschaft zu verändern, sind höchst zweifelhaft. Wenn man seinen PC, weil er nicht funktioniert, mit einer Brechstange bearbeitet, kann man damit vielleicht per Zufall erreichen, daß er wieder seinen Dienst tut, aber eine empfehlenswerte Praxis ist das nicht. Und menschliche Gesellschaften sind sehr viel komplexer als Computer. Die Menschen müssen die für sie notwendigen Veränderungen selbst ins Werk setzen, das kann nicht von oben verordnet werden. (AM 279f.)

★

Bürger

Unser Demokratiebegriff: Der Bürger ist Konsument und Beobachter von, aber nicht Teilnehmer an politischen Vorgängen. (MC 70)

○

Bürokraten

Im Augenblick wird für etwa die Hälfte der Weltbevölkerung die nationale Wirtschaftspolitik praktisch von Washingtoner Bürokraten betrieben. (WAP 137)

Chicago

Von allen Sachen, die ich geschrieben habe, hat ein Kommentar, den ich 1967 schrieb, den größten Zorn entfacht. Damals war in der New York Times ein Artikel über einen Vorfall in Chicago erschienen. Das dortige Museum of Science hatte in einer Ausstellung ein vietnamesisches Dorf aufgebaut, eine Art von Diorama, darum herum Gewehre, mit denen Kinder auf das Dorf schießen konnten. Ein Spiel also. Einige Frauen lehnten das ab und hatten sich vor dem Museum zu einer Protestkundgebung versammelt. Sie wurden von der NYT getadelt, weil sie es wagten, diese wunderbare Unterhaltung für Kinder zu stören. Daraufhin schrieb ich, man frage sich bisweilen, was nötiger sei: Dissens oder Entnazifizierung. Gab das einen Aufruhr! (PT 19f.)

Dämonisierung

Wir können Saddam Hussein dämonisieren, müssen aber verschweigen, daß er seine schlimmsten Verbrechen mit amerikanischer und britischer Hilfe verübt hat. Das ist allerdings eine sehr aparte Dämonisierung. (PT 32)

✡

Danaergeschenk

Freiheit ohne die Möglichkeit, sie zu leben, ist ein Danaergeschenk, und die Verweigerung ihrer Möglichkeit ein Verbrechen. (POP 108)

✧

Diebstahl

Was war denn der Watergate-Skandal? Einige Typen vom Nationalkomitee der Republikaner brachen aus ziemlich undurchsichtigen Gründen in ein Büro der Demokraten ein, ohne großen Schaden anzurichten. Das war bestenfalls ein kleiner Diebstahl. (AM 159)

◆

Dissident, echter

Einmal im Monat darf ein echter Dissident im Wall Street Journal seine Meinung in einer Kolumne frei und offten sagen.. Immerhin sind damit 0,0001 Prozent der Berichterstattung unabhängig. (AM 152)

Ehrenauszeichnungen

Bei der ruhmreichen Eroberung von Grenada gelang es 6000 Mann starken Elitetruppen, den Widerstand von einigen Dutzend Kubanern und grenadinischen Milizionären zu überwinden, was ihnen 8000 Ehrenauszeichnungen bescherte. (MC 89)

0

Eistüte

Wenn man auf der Straße einem Kind mit einer Eistüte begegnet und hungrig ist, kann man, sofern kein Polizist in der Nähe ist, dem Kind das Eis wegnehmen und einfach weitergehen. Vielleicht gibt es Menschen, die so etwas tun. Aber das bezeichnen wir als asozial. Wenn so etwas innerhalb der existierenden Sozialstruktur geschieht, halten wir es dagegen für normal. (AM 418)

•

Ende (der Welt)

Wenn andere uns etwas antun, dann ist es das Ende der Welt. Aber wenn wir anderen etwas antun, ist das ganz normal, warum sollte man darüber Worte verlieren? (PT 17)

Energie
Bei den Linken in den USA fließt eine ungeheure Menge an Energie in die Beschäftigung mit ganz absurden Themen. In Kalifornien etwa gibt es leidenschaftliche Auseinandersetzungen um die Frage, welcher Mafiaboß an der Ermordung von John F. Kennedy beteiligt gewesen sein könnte und ähnliches – als ob das irgendwie interessant wäre. (AM 394)

□

Entscheidungshebel
Die Spezialisten gelangen nur an die Entscheidungshebel der Macht, indem sie den wirklich Mächtigen, den Eigentümern der Gesellschaft dienen. (MC 32)

✦

Erfolg
Wir sollten nicht vergessen, daß uns die herrschende Kultur niemals sagen wird, wir hätten Erfolg gehabt. Man wird uns immer erzählen, daß wir versagt haben, weil wir eine Horde von Verrückten waren. (AM 326)

Eroberungen, siegreiche

Eine allzulange Liste siegreicher Eroberungen ist nicht gut für den Charakter, und die Geschichte dürfte dieses Urteil bestätigen. (WAP 118)

▲

Erpressung

Natürlich ist die Ideologie der freien Marktwirtschaft eine nützliche Waffe gegen zu hohe Sozialausgaben, so wie sie auch der Erpressung anderer Staaten dient. In der Realität nehmen die Wirtschaftsplaner von ihr allerdings keine Notiz. (AM 315)

▯

Eskalation

John F. Kennedy stand vor der Wahl, sich entweder aus Vietnam zurückzuziehen oder den Krieg zu eskalieren. Er entschied sich für die Eskalation. (WAP 120)

✧

Essig

Man verteidigt die Meinungsfreiheit, wenn einem die Meinung gefällt, und wenn man durch 500 Millionen Westeuropäer von Ajatollah Khomeini getrennt ist. In anderen Fällen, wo niemandem die Meinung gefällt, ist es mit dem Recht auf Meinungsfreiheit Essig. (AM 334)

✲

Experimente

Bei Experimenten in der Wirtschaftsentwicklung geht es den Planern recht gut, während die dem Experiment unterworfenen Subjekte regelmäßig Prügel beziehen. (POP 31)

Fahne

Wenn man ein in der Wolle gefärbter amerikanischer Patriot ist, muß man sich bei Gewaltakten der Regierung um die Fahne versammeln. (AM 202)

□

Fernseher

Es gibt kaum eine bessere Art und Weise, Menschen zu demoralisieren, als sie sieben Stunden am Tag vor dem Fernseher hocken zu lassen. (AM 466)

□

Formeln, mathematische

Malthus und Ricardo meinten, daß man den Armen nur schadet, wenn man ihnen Rechte zugesteht, die über das hinausreichen, was sie am Markt zu gewinnen fähig sind. Ein grundlegendes Recht auf Leben etwa würde Effizienz und Wachstum der Marktwirtschaft beeinträchtigen und den Menschen langfristig Nachteile bringen. Viel weiter sind die heutigen Wirtschaftswissenschaften trotz aller mathematischen Formeln auch nicht gekommen. (AM 311)

Fortschritt, moralischer
Es gehört zum moralischen Fortschritt, Dinge zu problematisieren, die vorher unproblematisch schienen. (AM 422)

Fraktionen
Demokraten und Republikaner sind Fraktionen der Wirtschaftspartei. (MC 36)

Frankreich
Wer in Frankreich zur intellektuellen Elite gehört, braucht nur zu husten, um eine Titelseite in Le Monde zu bekommen. (AM 132)

Freiheit
In einer funktionierenden kapitalistischen Gesellschaft wird alles zur Ware, auch die Freiheit: Man genießt davon so viel, wie man sich leisten kann, und wer es sich leisten kann, wird auf gute Bevorratung achten. (MC 242)

Führer

Weil nur Amerika den Zweck der Geschichte verstehen und erfüllen kann, hat es das Recht und sogar die Pflicht, zum Wohle aller so zu handeln, wie es seine Führer für richtig halten, ob die Welt dies nun begreift oder nicht. (H 58f.)

✡

Fundamentalismus, religiöser

Im Grunde haben die USA gegen religiösen Fundamentalismus an sich nichts einzuwenden, er ist in der Alltagskultur der Vereinigten Staaten sogar weit verbreitet und kann extreme Formen annehmen. (A 13)

Garantie

Mit dem Schlimmsten zu rechnen, ist die beste Garantie dafür, daß es eintritt. (AM 417)

✧

Gauner

Ich meine, daß die USA seit Jahren in einer Art präfaschistischer Stimmung sind. Glücklicherweise besteht unser politisches Führungspersonal zumeist aus korrupten Gaunern – und darüber sollten wir froh sein.
Ganz ehrlich: Korruption ist eine gute Sache, weil sie die Macht untergräbt. Solche Typen wie Jim Bakker – dieser Prediger, der mit allen möglichen Frauen schlief und seine Gefolgschaft betrog – sind eigentlich ganz in Ordnung: Sie wollen Geld und Sex und alle übers Ohr hauen, und darum machen sie weiter keine Schwierigkeiten.
Auch Nixon, ein offensichtlicher Gauner, hat letztlich keinen großen Schaden angerichtet.
Aber wenn ein Typ wie Hitler daherkommt, der nur die Macht will und sonst nichts, dann wird es gefährlich, auch hier in den Vereinigten Staaten. (AM 468)

Gefühle

Starke Regierungen setzen sich über den Willen der Bevölkerung hinweg und akzeptieren die Rolle, die ihnen von der globalen Supermacht zugewiesen wird, während schwache Regierungen vor den Gefühlen von 95 Prozent der Bevölkerung in die Knie gehen. (H 170)

✧

Gegendemonstranten

Boston ist eine sehr liberale Stadt, und die erste große Aktion gegen den Vietnamkrieg fand dort im Oktober 1965 statt: die »Internationalen Protesttage«. Es gab eine Demonstration auf dem Boston Common, einem öffentlichen Gelände vergleichbar dem Londoner Hyde Park oder dem Union Square, wo Reden gehalten werden können. Auch ich war als Redner vorgesehen, aber dazu kam es gar nicht. Die Veranstaltung mußte abgebrochen werden, weil Tausende von Gegendemonstranten gekommen waren – zumeist Studenten von der Universität –, und ich war sehr erfreut über die Anwesenheit einiger Hundertschaften Polizei, weil man uns sonst gelyncht hätte. (AM 259)

Gegner, schutzlose

Die Herrschenden haben erkannt, daß Interventionen nur noch möglich sind, wenn schutzlose Gegner innerhalb kürzester Zeit niedergeworfen werden können – und das ist ein überragender Sieg der Linken. (AM 324)

✸

Gemeinschaft

Im System mit dem trügerischen Namen »freie Marktwirtschaft« werden Risiken, wie Kosten allgemein, der Gemeinschaft aufgebürdet. (WAP 71)

◊

Genauigkeit

Es gehört zu den Prinzipien der geistigen Kultur, daß man die Verbrechen von Feinden mit größter Genauigkeit untersucht, jedoch niemals die eigenen. (MC 14)

✧

Geschäftsklima

Die USA sind nicht grundsätzlich gegen demokratische Formen, solange ein günstiges Geschäftsklima herrscht. (MC 150f.)

Gewaltmittel

Wenn man eine gewaltbereite Gesellschaft haben möchte, die überall auf der Welt Gewaltmittel einsetzt, muß die Bevölkerung »kriegerische Werte« akzeptieren und darf keine »krankhaften Hemmungen« entfalten. (MC 38)

Gewerkschaften, funktionierende

Wenn wir funktionierende Gewerkschaften hätten, würde die Arbeiterklasse sich mit der Welt befassen. (AM 131)

Gewichtheber

Man kann nur dann in einem bestimmten Bereich gut sein, wenn man in einem anderen schlecht ist. Ein ausgezeichneter Gewichtheber ist als Schmetterling einfach miserabel. (AM 277)

Gewinne

Die Konzerne wollen Gewinne erwirtschaften, die Bevölkerung will das menschliche Leben bewahren – das ist der fundamentale Interessenunterschied. (AM 87)

Glauben

Man glaubt das, was man glauben will. (MC 226)

Glaubwürdig

Wir »demonstrieren Glaubwürdigkeit«, d. h. wir sind ein terroristischer Staat, also seht euch vor, falls ihr uns in die Quere kommt. (MC 18)

Globalisierung

Bin Ladin hat vielleicht nie etwas von Globalisierung gehört. (A 21)

Grossbritannien

Nach dem Ersten Weltkrieg konnten die Briten alle Versuche, den Luftkrieg gegen die Zivilbevölkerung zu verbieten, erfolgreich abwehren, worüber große Staatsmänner wie Lloyd George hoch erfreut waren: »Wir haben uns das Recht vorbehalten, Nigger zu bombardieren«, meinte er 1932.
Soviel zu Großbritannien. (PT 89f.)

Gründe, gute

Roosevelt war einer der schlimmsten Rassisten und Geisteskranken der Gegenwartsgeschichte, den Hitler aus guten Gründen bewunderte. (WAP 61)

Haare, lange

Vor zwanzig Jahren hörte ich von einem schwarzen Bürgerrechtler, der zum Studium an die Harvard Law School gekommen war, folgende Geschichte:
In einem Vortrag beschrieb er, wie die Studienanfänger zunächst mit langen Haaren und Rucksäcken und sozialen Idealen die Vorlesungen besuchen und alle in die öffentliche Rechtsberatung wollen, um die Welt zu verändern. Im Frühjahr dann tauchen die Anwerber auf, die den jungen Leuten hübsche Ferienjobs in den Anwaltskanzleien der Wall Street anbieten, und schon überlegen die Studenten: »Ach, zum Teufel, ich kann ja ein paar Tage lang mit Schlips und Kragen und glattrasiert rumlaufen, schließlich brauche ich das Geld.« Also gehen sie den Sommer über geschniegelt und gebügelt zur Arbeit, und wenn sie im Herbst an die Uni zurückkommen, sind sie immer noch geschniegelt und gebügelt und überdies fügsam – die ganze Ideologie hat sich verändert.
Bei manchen braucht es zwei Jahre. (AM 298f.)

✧

Haltung, defensive

Eine entscheidende Doktrin, die in der Geschichte immer wieder vertreten worden ist, lautet, daß der Staat eine defensive Haltung einnimmt und Angriffe auf seine Ordnung und seine edlen Grundsätze tapfer abwehrt. (MC 104)

□

Halunke, absoluter

James LeMoyne ist ein absoluter Halunke und einer der unehrlichsten Journalisten, die mir je begegnet sind. (AM 154)

▬

Handlungen, bestimmte

Der Urheber eines Verbrechens trägt dafür die primäre Verantwortung; wer ihn, in Voraussicht der Folgen, durch bestimmte Handlungen dazu anstachelt, trägt die sekundäre Verantwortung, die noch größer wird, wenn diese Handlungen das Leid der Opfer vermehren. (PWR 113)

✦

Handwerk

Ich hege den Verdacht, daß viele Leute, die im Handwerk arbeiten, als Automechaniker oder ähnliches, ebensoviel, wenn nicht mehr intellektuelle Arbeit leisten als viele Leute in der Universität. (AM 132)

Hauptfeind

Es sei daran erinnert, daß jeder, aber auch jeder Staat einen Hauptfeind Nr. 1 besitzt, nämlich die eigene Bevölkerung.
Wenn im eigenen Land die Politik ausbricht und die Leute auf der Straße aktiv werden, können sich daraus schreckliche Folgen ergeben.
Darum ist Ruhe die erste Bürgerpflicht, nicht zu vergessen Gehorsam und Passivität. (AM 99)

★

Heuchler

In den Evangelien findet sich eine berühmte Definition des Heuchlers: Ein Heuchler ist jemand, dessen Maßstäbe nur für andere gelten, nicht aber für ihn selbst. In dieser Hinsicht ist die gesamte Diskussion über den Krieg gegen den Terror reine Heuchelei. (PT 24)

IDEALE

Wohin wir den Blick auch immer wenden mögen, wird die Anwendung von Gewalt gern mit der Beschwörung hochfliegender Ideale, an denen kein Mangel herrscht, gerechtfertigt. (H 62)

IDEALISMUS

Leider hat man es in Europa nicht geschafft, den Idealismus der politischen Führungspersönlichkeiten Amerikas zu begreifen. (H 60)

ILLUSIONEN

Es ist sinnvoll, für eine bessere Welt zu kämpfen, nicht aber, sich Illusionen zu machen über die, in der wir leben. (PWR 135)

INDOKTRINATION

Wenn man die Bevölkerung nicht mehr mittels Gewalt beherrschen kann, dann muß Indoktrination an deren Stelle treten. Das ist auch heute noch die Leitdoktrin liberal-demokratischen Denkens. (AM 29)

Informationen

Geheimdienste sind notorisch unzuverlässige Institutionen – sehr ideologisch, fanatisch, rassistisch, und infolgedessen liefern sie keine besonders präzisen Informationen. (AM 171)

○

Innenpolitik

Innenpolitik: Konkurrenz von Investorengruppen, die darum kämpfen, den Staat unter ihre Kontrolle zu bringen. (MC 71)

△

Institutionen, internationale

Die Welt, die die USA in internationalen Institutionen nach ihrem Bild schaffen wollen, beruht auf dem Prinzip der Gewaltherrschaft. (POP 93)

⬟

Integrität

Manche Journalisten schaffen es sogar bis zur New York Times, ohne ihre Integrität einfach über Bord werfen zu müssen. (AM 153)

Interesse

Die USA handeln ihrem eigenen Interesse gemäß; andere tragen die Lasten und die Kosten, sofern keine weitergehenden Machtinteressen im Spiel sind. (PWR 32)

✷

Investitionsklima

Wie verbessert man in einem Land der Dritten Welt das Investitionsklima zugunsten US-amerikanischer Konzerne? Eine höchst geeignete Methode besteht darin, Gewerkschafts- und Bauernführer zu ermorden, Priester zu foltern, die Landbevölkerung zu massakrieren und die Sozialprogramme zu streichen. (PT 39)

◄

Investoren, US-amerikanische

Wenn ein Land anfängt, den Bedürfnissen der eigenen Bevölkerung Rechnung zu tragen, vernachlässigt es die viel wichtigeren Interessen der US-Investoren, und das sind Prioritäten, die wir nicht akzeptieren können. (AM 92)

Irak-Krise

Das interessanteste Merkmal der Diskussion über die Irak-Krise [von 1991] ist, daß sie gar nicht geführt wurde. (WAP 24)

Jahreszahl, magische

Als 1968 die Columbia-Universität von den Studenten besetzt wurde, galt das als großes Ereignis. Auf dem Campus herrschte – und ich übertreibe nicht – die Stimmung: »Wenn wir die Uni geschlossen halten und drei Wochen lang Spaß haben und Hasch rauchen, wird es eine allgemeine Revolution geben, alle werden frei und gleich und glücklich sein und wir können zu den Alltagsangelegenheiten zurückkehren.«

Aber es kam nicht die Revolution, sondern die Polizei, schlug alles kurz und klein, und nichts änderte sich. Daraufhin resignierten viele und meinten: »Wir haben es nicht geschafft.«

Überall auf der Welt ist '68 eine magische Jahreszahl, tatsächlich aber markiert sie das Ende einer Bewegung. (AM 420f.)

Kapazitäten, geistige

Wenn jemand mich bäte, einen Vortrag über Quantenphysik zu halten, würde ich das ablehnen, weil ich darüber zu wenig weiß. Aber die Weltpolitik ist trivial – in den Sozial- und Geisteswissenschaften gibt es nichts, das die geistigen Kapazitäten eines normalen Fünfzehnjährigen übersteigen würde. Man muß ein bißchen arbeiten, ein bißchen nachdenken – aber wenn es auf diesem Gebiet irgendwelche Theorien geben sollte, für deren Verständnis eine besondere Ausbildung nötig ist, hat man sie bislang erfolgreich geheimgehalten. (AM 182f.)

Killer, beste

Radikale islamische Extremisten gehörten in den achtziger Jahren zu den Lieblingen der US-amerikanischen Politik, weil unter ihnen die besten Killer waren, die man finden konnte. (A 14)

Kliniken
Wenn islamische Fundamentalisten in den Slums von Kairo Kliniken errichten, sind sie den USA genauso unwillkommen wie die Befreiungstheologen in Lateinamerika. (AM 205)

Knute
In Diktaturen hält man die Knute bereit, um Widerspenstige zu zähmen. In freieren Gesellschaften benutzt man dazu die Propaganda. Sie ist für die Demokratie, was für die Diktatur die Knute. (MC 32f.)

Kompetenz
Die Fähigkeit zu lügen erfordert ein gewisses Ausmaß an Kompetenz; man muß wissen, wie die Wahrheit beschaffen ist. (AM 78)

Konformismus
Konformismus ebnet den Weg, der zu Privilegien und Ansehen führt. (MC 65)

Konzerne

Früher oder später muß man der Tatsache ins Auge sehen, daß ein Konzern zu den totalitärsten Einrichtungen der menschlichen Geschichte gehört: Er wird zentral verwaltet, das Autoritätsgefälle geht von oben nach unten, die Kontrolle liegt in der Hand von Besitzern und Investoren. Innerhalb der Organisation werden Befehle von oben empfangen und nach unten weitergereicht, und die wenigen äußeren Kontrollmechanismen werden immer mehr abgebaut. (AM 244f.)

✡

Krieg

Die Menschen sind nur dann für den Krieg, wenn er sich überhaupt nicht mehr vermeiden läßt. (AM 219)

■

Kriegsverbrechen

Der Präventivkrieg fällt unter die Kategorie der Kriegsverbrechen. Wenn es sich tatsächlich um eine Idee handeln sollte, »deren Zeit gekommen ist«, hat die Welt berechtigten Anlaß zur Sorge. (H 20)

Krise

Es ist typisch für die großen Medien und die vorgeblichen Intellektuellen, bei einer Krise sich auf die Seite der Macht zu stellen und die Bevölkerung mitzuziehen. (A 19)

*

Kultur, herrschende

Wir sollten nicht vergessen, daß uns die herrschende Kultur niemals sagen wird, wir hätten Erfolg gehabt. Man wird uns immer erzählen, daß wir versagt haben. Die offizielle Version der sechziger Jahre geht davon aus, daß eine Horde Verrückter die Universitäten niedergebrannt und viel Gelärm veranstaltet hat, weil die Studenten hysterisch waren oder nicht als Soldaten nach Vietnam gehen wollten oder dergleichen. Wer dabei war, weiß, daß die Wirklichkeit ganz anders aussah, aber davon will die herrschende Kultur samt ihren Medien nichts wissen. (AM 326)

Leistung, propagandistische

In einer der erstaunlichsten propagandistischen Leistungen der Geschichte haben es die Vereinigten Staaten geschafft, die Schuld für den Vietnamkrieg den Vietnamesen in die Schuhe zu schieben. (WAP 126)

✧

Lieblingsumfragen

1987, anläßlich der Feiern zum zweihundertjährigen Bestehen der US-Verfassung, veröffentlichte der Boston Globe eine meiner Lieblingsumfragen, in der den Leuten Slogans vorgegeben wurden mit der Frage, welcher von ihnen in der Verfassung stehen könnte. Natürlich kennt niemand den Inhalt unserer Verfassung, weil alle vergessen haben, was sie in der dritten Klasse lernen mußten, oder sie haben damals schon nicht richtig aufgepaßt. Die Fragestellung lautete also eigentlich: »Welche Binsenweisheit ist so offensichtlich, daß sie in der Verfassung stehen muß?« Einer der Vorschläge, ein Zitat von Karl Marx, hieß: »Jeder nach seinen Fähigkeiten, jedem nach seinen Bedürfnissen.«
Nun, 50 Prozent der Befragten glaubten, das stünde in der Verfassung, weil es doch so offensichtlich wahr ist. (AM 395)

Linke

Wenn wir unter »Linken« diejenigen Menschen verstehen, die für Frieden, Gerechtigkeit, Freiheit, Menschenrechte, gesellschaftlichen Wandel und Beseitigung autoritärer Strukturen im privaten und öffentlichen Leben kämpfen, dann gibt es bei uns jetzt mehr Linke, als ich je zuvor in meinem Leben gesehen habe. (AM 322)

◆

Loblieder

Schurkenstaaten mit innenpolitischer Freiheit – und hier befinden sich die USA an der äußeren Grenze – müssen sich auf die Bereitwilligkeit der gebildeten Schichten verlassen, Loblieder zu singen und schreckliche Verbrechen zu leugnen oder zu tolerieren. (WAP 21)

▼

Lohnniveau

Wenn von der Flexibilisierung der Löhne die Rede ist, geht es natürlich um eine Korrektur des Lohnniveaus nach unten, nicht nach oben. (WAP 136)

▬

Luftnummer

Während die Lehren von Malthus und Ricardo noch einen gewissen Realitätsbezug hatten, ist der Neo-Liberalismus eine reine Luftnummer. (AM 313)

Lug und Trug

Die Leute glauben nicht, daß die Institutionen in ihrem Interesse arbeiten, alles ist Lug und Trug, sie können nichts beeinflussen, Politik und Wirtschaft versagen, die wirklichen Entscheidungen werden anderswo getroffen. Dabei wissen sie nicht einmal, wie wahr das tatsächlich ist. (AM 396)

▽

Lust und Laune I

Wir alle handeln hin und wieder unmoralisch, behaupten aber höchst selten, wir hätten es aus Lust und Laune getan. Vielmehr interpretieren wir rückwirkend unsere Handlungen, um sie in einen allen Menschen gemeinsamen moralischen Rahmen einzupassen. (AM 427)

▭

Lust und Laune II

Mobilität der Arbeit ist das Recht, Beschäftigte nach Lust und Laune zu feuern. (WAP 136)

Manipulation

Weil Marketingkosten steuerabzugsfähig sind, müssen die Leute für das Privileg, manipuliert zu werden, auch noch bezahlen. (POP 74f.)

✧

Markt, freier

Kein freies Land dieser Erde hat sich entwickelt, weil es die Prinzipien des freien Markts befolgt hätte, am allerwenigsten die Vereinigten Staaten, die von Anfang an die Wirtschaft massiv regulierten und subventionierten. Anderenfalls würden wir heute bestenfalls Felle exportieren. (AM 314)

■

Marktdisziplin

Seit Jahrhunderten ist die Theorie des »freien Markts« zweischneidig: Marktdisziplin ist gut für die Armen und Wehrlosen, während die Reichen und Mächtigen sich im Schoß von Vater Staat geborgen fühlen dürfen. (WAP 77)

Marschbefehle

Wir müssen nicht der Katastrophe entgegeneilen, nur weil entsprechende Marschbefehle ausgegeben werden. (A 51)

Marsmenschen

Es stimmt, daß wir viele Länder angreifen, die muslimisch sind, aber wir würden sie auch attackieren, wenn die Bevölkerung aus Marsmenschen bestünde. Die entscheidende Frage lautet: Sind sie gehorsam? (AM 205)

Massaker

Solange die Interessen des Westens von Massakern wie dem zwischen Hutus und Tutsis unberührt bleiben, wird er nichts zu ihrer Beendigung tun. (PT 80)

Massnahmen, defensive

Es ist eine Binsenweisheit machtgestützter Doktrinen, daß umstrittene Rüstungsinitiativen mit hohen Risikofaktoren als »defensive Maßnahmen« ausgegeben werden. (H 270)

Medien, grosse

Die großen Medien sind Konzerne, die anderen Firmen ein privilegiertes Publikum »verkaufen«. (MC 63)

▷

Meinung

Wenn die Welt mit uns nicht einer Meinung ist, befindet sie sich im Unrecht, und mehr gibt es dazu nicht zu sagen. (MC 134)

☆

Menschheit

Der Vorstandsvorsitzende eines Konzerns mag sich durchaus einbilden, daß er in jeder wachen Minute der Menschheit dient, realiter jedoch muß er Gewinne und Marktanteile erwirtschaften, weil er sonst seinen Job bald los wäre. (MC 74)

✦

Mexiko

Höfliche Menschen werden sicherlich vergessen haben, auf welche Reaktion Kennedy stieß, als er 1961 versuchte, den kollektiven Widerstand gegen Kuba zu organisieren.

Mexiko könne da leider nicht mitmachen, meinte ein Diplomat, denn »wenn wir öffentlich erklären, daß Kuba unsere Sicherheit bedroht, lachen sich 40 Millionen Mexikaner tot«. Hierzulande gehen wir mit Fragen der nationalen Sicherheit nüchterner um. (POP 96)

✧

Mission, zivilisatorische

Die gesamte Geschichte des europäischen Imperialismus ist von dem Grundsatz durchdrungen: Was wir anderen antun, ist Gegenterror oder gerechter Krieg, auch und gerade, wenn wir unsere Verbrechen in anderen Ländern begehen. Wir haben eine zivilisatorische Mission, wir bringen den Barbaren die Kultur. (PT 49f.)

○

Misstrauen

Mißtrauen gegenüber der Demokratie gehört zur traditionellen Haltung derer, die an Macht und Privilegien beteiligt sind. (H 170)

Mittel, einfaches

Alle sind besorgt über die Ausbreitung des Terrorismus. Dabei gäbe es ein einfaches Mittel, sie zu verhindern – man darf sich nicht daran beteiligen. (PT 16)

Monster

Wenn wir angreifen und einen Gegner vernichten, schützen wir uns gegen Monster und Aggressoren.

(MC 38)

Motive, edelste

Das vorrangige Prinzip besagt, daß die Reichen und Mächtigen in der Lage sein müssen, das zu tun, was sie wollen, wobei sie sich natürlich auf edelste Motive berufen. (WAP 148)

Motive, niedrige

Die Europäer sind zynisch genug, Washington niedrige Motive zu unterstellen, statt sich dessen noblen Unternehmungen mit der gebührenden Begeisterung anzuschließen. (H 60)

Naturwissenschaften

Über das Wesen des Menschen geben die Naturwissenschaften keinerlei Auskunft. (AM 271)

✡

Neues

Als Intellektueller schaut man fortwährend in Fernsehkameras und muß dauernd etwas Neues produzieren, damit die Medien sich nicht auf den Typen am Nebentisch stürzen, und da die Leute nicht immer gute neue Ideen haben, denken sie sich allerhand Verrücktheiten aus. (AM 132)

Obdachlose

Auch einem Obdachlosen, der in Manhattan auf der Straße kampiert, muß es in erster Linie um das Glück der Villenbewohner zu tun sein, denn wenn sie glücklich sind, investieren sie, und die Wirtschaft funktioniert, und irgendwann sickert auch etwas zu den unteren Schichten durch.
Das ist eine Metapher für die gesamte Gesellschaft.

(AM 90)

Patriotismus

Kritische Berichterstattung ist schwierig und kostspielig. Da kommt es billiger, den Patriotismus an die Fahnen zu heften und offizielle Feinde mit Anschuldigungen zu überhäufen, die nicht weiter erhärtet und schon gar nicht korrigiert werden müssen – wer will sich schon Apologetik vorwerfen lassen? (MC 64)

Pentagon

Erfreulicherweise geht das Pentagon mittlerweile nicht mehr davon aus, daß Kuba die Eroberung der USA plane. (WAP 60)

Persönlichkeiten, grosse

Die wirksamste Methode, Menschen zu entmutigen, besteht darin, so zu tun, als werde das Entscheidende in der Geschichte von den großen Persönlichkeiten geleistet, auf die man warten müsse. (AM, 241)

PFIFFERLING

Jeder Staat, der es sich leisten kann, gibt auf die Meinung der eigenen Bevölkerung keinen Pfifferling. (PT 30)

✡

PHÄNOMEN

Ein weltgeschichtlich neues Phänomen: Andere Staaten heuern Terroristen an; wir, mächtig wie wir sind, mieten uns gleich ganze Terroristenstaaten. (AM 15)

◂

PRÄSIDENT

Wenn jemand verkündet, er wolle Präsident werden, kann man davon ausgehen, daß er im Fall seiner Wahl nicht besser ist als George Bush. (AM 401)

PRÄVENTIVKRIEG

Das Angriffsziel eines Präventivkriegs à la USA muß bestimmte Eigenschaften aufweisen:
– es muß praktisch verteidigungsunfähig sein,
– wichtig genug sein, damit der Aufwand sich lohnt,
– sich als das Böse schlechthin und unmittelbare Gefahr für unser Überleben darstellen lassen. (H 26)

Priesterschaft, säkulare

Die Mainstream-Intellektuellen bilden eine Art säkularer Priesterschaft, die über die Erhaltung der Glaubensdoktrinen wacht. (AM 262)

Probleme

Revolutionäre Praxis? Es gibt vieles, was getan werden könnte, man braucht keine modischen Begriffe, um es zu beschreiben. Und man tut das, was auf der Tagesordnung ganz oben steht, man fragt sich, welche Probleme angepackt werden müssen und wo es Menschen gibt, die bereit sind zu handeln.

Was getan werden muß, läßt sich jedoch nicht so einfach beurteilen, weil es da sehr unterschiedliche Ansichten gibt.

Aber wenn jemand mit einer »Praxis« daherkommt, also mit einer Formel, die sagt: »So und so müssen wir das tun«, dann wäre ich an Ihrer Stelle wirklich skeptisch. (AM 404)

Propaganda, staatliche

Die Wirkungen staatlicher Propaganda sind umso größer, je mehr sie von den gebildeten Schichten unterstützt und keine Kritik daran zugelassen wird. Diese Lektion haben Hitler und viele andere gelernt, bis auf den heutigen Tag. (MC 30)

✦

Psychotherapie

Manche Leute behaupten, sie würde ihnen helfen, was der Fall sein kann oder auch nicht; aber wenn es der Fall ist, liegt dem keine Wissenschaft zugrunde, genauso wenig wie bei Wunderheilungen. (AM 274)

✸

Punkt

Terrorismus ist, was unsere politische Führung dazu erklärt, Punkt. (H 138)

Rache

Die Rache der Mächtigen und Privilegierten kennt keine Grenzen, wenn der Terror, den sie sonst auszuüben gewohnt sind, ihnen zurückgezahlt wird. (H 220)

Reagan, Ronald

Es ist nicht uninteressant, daß die Vereinigten Staaten unter Reagan acht Jahre lang praktisch ohne einen Präsidenten im Sinne des Amtes und seiner Verpflichtungen ausgekommen sind. (MC 59)

Rechte

Es ist nicht eben leicht, sondern leidvoll, um seine Rechte zu kämpfen. (AM 241)

Regierungsassistenten

Für die Medien als Regierungsassistenten bestimmt sich der Wert von Nachrichten gemäß ihrem Nutzen für die ideologische Kriegführung. (MC 131)

Religion

Mittlerweile muß fast jeder, der in der US-Politik eine Rolle spielen will, sich zur Religion auf irgendeine Weise in Beziehung setzen. (AM 73)

Risiko, eigenes

Wenn man auf Terrormethoden zurückgreift, sollte man das eigene Risiko möglichst gering halten. (H 106)

Ruch

Die modernen Institutionen für die Gedankenkontrolle – die ganz offen als Propaganda bezeichnet wurde, bevor der Begriff in den Ruch des Totalitären geriet – sind in den freiesten Gesellschaften entstanden. (H 15)

Ruf, schlechter

Die Vorstellung, daß die Menschen wirklich frei sein könnten, löst bei Machtbesitzern große Angst aus. Deshalb haben die sechziger Jahre einen so schlechten Ruf. (AM 254)

♦

Ruhe

Warum müssen in unserem System die Menschen dazu gedrängt werden, bestimmte Bedürfnisse zu haben? Warum läßt man sie nicht in Ruhe, damit sie andere Sachen tun können? (AM 255)

Schulen

Ich würde nicht so weit gehen zu behaupten, daß in den Schulen überhaupt keine sinnvolle Arbeit stattfindet oder daß sie nur Arbeitskräfte für die Konzerne produzieren; es sind schließlich sehr komplexe Systeme. Aber die grundlegende institutionelle Funktion der Schulen, für die sie staatliche und andere Zuwendungen empfangen, liegt in ihrer ideologischen Diensleistung: Sie fördern Gehorsam und Konformismus. Und das beginnt bereits im Kindergarten. (AM 294)

■

Schwierigkeiten I

Gewalttaten, für die wir verantwortlich sind, und die wir ohne Schwierigkeiten eindämmen oder beenden könnten, haben nichts mit uns zu tun und sollten uns nicht weiter interessieren; schlimmer noch: sie lenken von der moralisch wichtigen Aufgabe ab, Gewalttaten zu bejammern, die von offiziellen Feinden begangen werden und an denen wir nur wenig ändern können. (PWR 84f.)

Schwierigkeiten II

Wenn man eine Regierung stürzen will, bewaffnet man das Militär und sorgt dafür, daß die Regierung Schwierigkeiten bekommt. (AM 18)

Seifenopern

Menschen sind sehr komplizierte Wesen und können einander in persönlichen Beziehungen sehr viel Leid antun. Das weiß man, auch ohne sich Seifenopern ansehen zu müssen. (AM 253)

Selbstanbetung

Die allgemeinen Lehren, die uns die Geschichte vermittelt, sind eindeutig genug: Die Erblast des Krieges müssen die Verlierer tragen. Die Mächtigen sind emotional zu erschöpft oder zu sehr mit ihrer Selbstanbetung beschäftigt, um irgendwelche Verantwortung zu übernehmen. (WAP 129)

Selbstverteidigung

Die Liquidierung von Verdächtigen ist nur dann ein Verbrechen, wenn sie von den falschen Leuten verübt wird, andernfalls aber ein gerechtfertigter, wenngleich bedauerlicher Akt der Selbstverteidigung. (H 36)

Sicherheit, innere
Washington führte seine Terrorkriege in Mittelamerika unter dem Vorwand, die innere Sicherheit zu verteidigen. Das ist die offizielle Standardrechtfertigung für alle möglichen Verbrechen, auch die des Nationalsozialismus. (POP 122)

✧

Sonnenuntergang
Es nützt nichts, wenn wir uns jeden Tag sagen, daß man uns belügt. Natürlich belügt man uns, das ist so sicher wie der Sonnenuntergang. (AM 237)

●

Spione
Wenn man die Bevölkerung traumatisieren will, sind Hochverratsprozesse ein extremes und wirksames Mittel – die Spione sind mitten unter uns, folglich sind wir in echter Gefahr, folglich hören wir am besten auf die Regierung und hören auf zu denken. (AM 23)

Stabilität

»Stabilität bewahren« heißt, bestimmte Formen von Herrschaft und Kontrolle und den ungehinderten Zugang zu Ressourcen und Profiten aufrechtzuerhalten. (OWN 15)

Stalingrad

Hitler war vor Stalingrad wahrscheinlich der beliebteste Politiker der deutschen Geschichte gewesen. (WAP 118)

Substanz

Mit unserer Regierungsform ist eigentlich, von ein paar Kleinigkeiten abgesehen, alles in Ordnung; was fehlt, ist lediglich die Substanz. (AM 88)

Südvietnamesen

Wenn wir Südvietnam bombardieren, verteidigen wir das Land gegen seinen Feind, nämlich die Südvietnamesen, weil es außer ihnen niemanden gibt, den wir bombardieren könnten. (MC 38)

Süppchen

Am klügsten ist es, alles, was man liest – auch meine Sachen – skeptisch zu lesen. Ein ehrlicher Autor wird seine Vorlieben und Abneigungen und den Ausgangspunkt seiner Gedanken ohnehin verdeutlichen, so daß die Leser bei der Lektüre Einseitigkeiten bemerken und korrigieren können. Und das sollten sie auch.
Sie sollten alles, was von Machtsystemen herkommt, mit Skepsis betrachten – und das andere auch. Und warum sollten sie mir ein Wort glauben?
Ich koche auch nur mein eigenes Süppchen. (AM 389)

System

»Demokratie« ist ein System, das substantielle demokratische Formen zugunsten reduzierter Konsumtätigkeit und übermäßiger Ausbeutung zurückstutzt, während der Staat im Verbund mit einheimischen und ausländischen Konzernen die Wirtschaft kontrolliert. (MC 148f.)

Terrorismus

Offiziell ist Terrorismus das, was andere gegen uns, wer immer wir sein mögen, ausüben. (MC 17)

✡

Theologie

Bei Dingen wie Marxismus oder Freudianismus handelt es sich um irrationale Kulte, um Theologie; und ich persönlich halte von Theologie gar nichts. Der Marxismus (und nicht nur er) gehört zur Geschichte der institutionalisierten Religion. (AM 285)

✦

Theologie, allerschlechteste

Platon zu lesen, weil seine Gedanken wahr oder groß sind, ist allerschlechteste Theologie. (AM 293)

Überleben

In der gegenwärtigen Geschichte lassen sich zwei grundlegende Projekte unterscheiden:
Das eine strebt nach Hegemonie und gefährdet mit seiner auf irrwitzigen Voraussetzungen beruhenden Rationalität das Überleben der Menschheit.
Das zweite handelt in der Überzeugung, daß eine andere Welt möglich ist. Es stellt das herrschende ideologische System in Frage und sucht nach konstruktiven Formen des Denkens und Handelns und nach alternativen Institutionen.
Welches der beiden Projekte das andere überdauern wird, kann niemand sagen. Historisch ist dieser Gegensatz nicht neu, aber die Risiken sind höher als je zuvor. (H 284)

✧

Übung, zynische

Watergate wurde von den Medien als stolzester Moment in ihrer Geschichte gefeiert; tatsächlich war es nur eine zynische Übung im Dienst der Macht. (MC 236)

Ultra-Nationalismus

»Demokratische« Gesellschaften dienen den Interessen der USA, »kommunistische« sind von einer Krankheit namens Ultra-Nationalismus befallen. (MC 71)

Untaten

Verlierer sind gezwungen, ihren Untaten einige Beachtung zu schenken. Sieger müssen das nicht. (PT 17)

Unterricht

Die Bürger demokratischer Gesellschaften sollten Unterricht in intellektueller Selbstverteidigung nehmen, um sich vor Manipulation und Kontrolle schützen und substantiellere Formen von Demokratie anstreben zu können. (MC 8)

Verachtung

Die Verachtung für die Herrschaft des Gesetzes hat in der politischen Praxis und der geistigen Kultur der USA tiefe Wurzeln geschlagen. (WAP 31)

•

Verbesserung

Weder die Vereinigten Staaten noch irgendeine andere Macht haben sich von der Idee einer »Verbesserung der Welt« leiten lassen. (POP 109)

◆

Verhältnisse, demokratische

In den von uns abhängigen Staaten gelten demokratische Verhältnisse als erreicht, wenn die Gesellschaft von lokalen Oligarchien und den mit US-Investoren verbundenen Segmenten der Geschäftswelt beherrscht wird, das Militär unserer Kontrolle untersteht und die Regierung von Profis geführt wird, die unsere Befehle verläßlich befolgen. (MC 71)

Verleumdung

Intellektuelle sind Spezialisten für Verleumdung; als Manager der herrschenden Ideologie fühlen sie sich vom Dissidententum am meisten bedroht. (AM 260)

Verweildauer, kurze

Ich lebe in einem sehr ruhigen und liberalen Vorort von Boston, in Lexington. Wir haben dort unsere eigene Polizei, deren Hauptbeschäftigung darin besteht, streunende Katzen einzufangen. Aber sie ist zugleich eine Grenzpatrouille. Natürlich nicht offiziell, doch wenn ein Schwarzer in einem schrottreifen Auto in den Straßen von Lexington kreuzt, ist seine Verweildauer ziemlich kurz. (AM 443f.)

Verwirrung, geistige

Man muß geistig verwirrt sein, um elementare moralische Binsenweisheiten zu akzeptieren und Tatsachen zu beschreiben, die nicht beschrieben werden sollten. (MC 23f.)

Volk

Im Inland wie im Ausland geht die eigentliche Bedrohung für die herrschenden Eliten von der Demokratie, das heißt, vom Volk, aus. (POP 128)

•

Vortragstermine

Seit einiger Zeit bin ich gezwungen, Vortragstermine sehr langfristig vorab festzulegen. Bisweilen muß ein Titel oder Thema schon Jahre vorher genannt werden. Eins kann man, wie ich gemerkt habe, mit Sicherheit immer angeben: »Die gegenwärtige Krise im Nahen Osten«. Wie sich diese Krise entwickeln wird, läßt sich nicht genau sagen, aber daß es sie geben wird, unterliegt keinem Zweifel. (OWN 11)

Wächter

Die Medien schützen als aufmerksame Wächter die Privilegiengesellschaft vor der Bedrohung durch öffentliche Einmischung. (MC 69)

■

Waschbär, tollwütiger

Ich finde es nicht gut, wenn überall bewaffnete Polizisten herumlaufen, aber vor einigen Jahren, als meine Kinder noch klein waren, gab es in unserem Viertel einen tollwütigen Waschbären, den wir einfach nicht loswurden, so daß wir schließlich die Polizei bitten mußten, sich der Sache anzunehmen. Das ist besser, als wenn die Kinder gebissen werden.
Manchmal muß man illegitime Strukturen akzeptieren und sich ihrer bedienen. (AM 410)

■

Watergate

Angesichts der tatsächlichen Greueltaten der Regierung Nixon ist Watergate nicht einmal ein Achselzucken wert, sondern bestenfalls ein Beispiel dafür, was mit den Dienern der Macht geschieht, wenn sie aus der Rolle fallen und vergessen, wem das Land tatsächlich gehört: Sie werden abserviert und durch jemand anderen ersetzt. (AM 162)

Welt, funktionierende

Man muß zunächst begreifen, wie die Welt funktioniert: Sie belohnt nicht Ehrlichkeit und Unabhängigkeit, sondern Gehorsam und Dienstfertigkeit.

(AM 267)

■

Welt, wirkliche

Souveränität ist das Recht politischer Gebilde, ihren Kurs – sei er gefährlich oder nicht – frei von äußeren Einflüssen selbst zu bestimmen. In der wirklichen Welt ist das die Beeinflussung durch hoch konzentrierte Macht, deren Zentrum die Vereinigten Staaten bilden. (WAP 131)

♦

Westmassachussetts

Überall im Land erscheinen die Menschen massenhaft bei Vorträgen und wollen sich engagieren, aber niemand ist da, der ihnen eine Perspektive geben könnte. Nach den Vorträgen lautet die am häufigsten gestellte Frage:

»Was kann ich tun?« Diese Frage ist der Richtspruch über die Linke.

Eigentlich müßten an die fünfzig Organisationen vor Ort sein, um den Leuten Möglichkeiten des Engagements zu bieten. Aber sie sind nicht da, und wenn,

dann ist ihr Spektrum so begrenzt, daß viele das Gefühl bekommen:
»Ich bin ja auch für die Rechte von Schwulen und Lesben in Westmassachussetts, aber ich möchte das nicht zu meinem Lebensmittelpunkt machen.« (AM 393f.)

Wille

Kein Staat hat das Recht, sich gegen amerikanische Angriffe zu verteidigen, während die Vereinigten Staaten anderen Ländern ihren Willen notfalls auch mit Gewalt aufzwingen dürfen. (MC 112)

Windelwissenschaft

Um 1950 versuchten bedeutende Sozialwissenschaftler wie Margaret Mead zu erklären, warum die Russen in der UNO immer mit »Nein« stimmten, während die USA und alle anderen positiv votierten – da konnte doch etwas mit den Russen nicht stimmen. Die Sozialwissenschaftler entwickelten nun eine Theorie, der zufolge die negative Haltung der Russen sich daraus erklären ließ, daß sie den Säuglingen zu stramme Windeln anlegten, was zu Verstimmungen und in der UNO schließlich zu Nein-Stimmen führte. Wir nannten das damals übrigens Diaperologie – »Windelwissenschaft«. (AM 118)

Wirtschaftsprotektionismus

In Sachen Wirtschaftsprotektionismus haben sich die USA bislang von keinem anderen Land übertreffen lassen. (AM 315)

Wirtschaftszeitungen

Überhaupt sollten die Wirtschaftszeitungen häufiger gelesen werden. Das meiste ist zwar langweilig, aber man findet dort Sachen, die anderswo nicht zu lesen sind. Diese Blätter sind ehrlicher, weil ihre Leser keine aufrührerischen Elemente sind, sondern Leute, die die Wahrheit wissen wollen, damit sie ihr Geld sinnvoll anlegen können. Kaufen sollte man solche Zeitungen übrigens nicht, weil sie zu teuer sind. Man kann sie ja, wenn's geht, mitgehen lassen. (AM 390)

Wörter, viersilbige

Ich bin bei Dialektik und solchen Dingen eher schlichten Gemüts. Viersilbige Wörter machen mich mißtrauisch, weil ich wissen möchte, ob man das, worum es geht, nicht auch mit Einsilbern sagen kann. Es gehört ja, was wir nicht vergessen wollen, zur intellektuellen Berufung, sich eine Nische zu schaffen und möglichst dafür zu sorgen, daß niemand einen versteht; anderenfalls ist man nichts Besonderes. Man muß sich seine Unverständlichkeit hart erarbeiten, um die Grundlage für eigene Macht und Privilegien zu schaffen. (AM 286)

★

Wutanfall

Das ganze Geschrei über »Political Correctness«, das seit einiger Zeit von den Eliten erhoben wird, ist im Grunde nur Ausdruck eines Wutanfalls, weil es den herrschenden Schichten nicht gelungen ist, die politische Dissidenz und Aktivität, die sich während der letzten dreißig Jahre in der Bevölkerung entwickelt hat, zum Schweigen zu bringen. (AM 325)

Yamashita

General Yamashita wurde gehängt, weil während der amerikanischen Eroberung der Philippinen japanische Truppen, die sich rein technisch unter seinem Kommando befanden, zu denen er aber jeglichen Kontakt verloren hatte, Kriegsverbrechen verübten. Wer würde, wenn das Schule machte, überleben, z. B. bei uns? (AM 82)

Zaunpfahl

Man winkt mit dem Zaunpfahl der Arbeitsplatzverlagerung ins Ausland, um die Arbeitnehmer zu disziplinieren. (WAP 136)

*

Zeitgeist

Im 20. Jahrhundert hält die Literatur der PR-Industrie einen reichen und instruktiven Vorrat an Informationen darüber bereit, wie man den »neuen Zeitgeist« vermittelt: Sei es durch die Erzeugung künstlicher Bedürfnisse oder durch die Lenkung des öffentlichen Bewußtseins oder durch die Verbreitung einer »Philosophie der Vergeblichkeit« und des fehlenden Lebenssinns. Die Aufmerksamkeit soll auf die »eher überflüssigen Dinge« gelenkt werden, die »Ausdruck modebewußten Konsumverhaltens« sind. (WAP 135)

Zeitungen

Ich erinnere mich gern an jene Woche – das muß um 1979 herum gewesen sein --, in der mir zwei Zeitungen zugeschickt wurden: Die eine kam aus Argentinien, die andere aus der Sowjetunion.
In Argentinien herrschten damals diese neofaschistischen Generäle, und in La Prensa, einer auflagenstarken Zeitung aus Buenos Aires, stand ein umfangreicher Artikel, in dem es hieß, man dürfe meine linguistischen Sachen nicht lesen, weil sie marxistisch und subversiv seien.
Und die russische Iswestija schrieb, man dürfe meine linguistischen Sachen nicht lesen, weil sie idealistisch und konterrevolutionär seien. Das hat mir gefallen. (AM 265)

◊

Zensur

Unter dem Diktat der Privatwirtschaft können die Medien die Verbreitung bestimmter Ideen viel wirksamer verhindern als jede offizielle Zensur. (MC 167)

Zustimmung, weitgehende

Die Ermordung Abu Dschihads fand in Israel und den USA weitgehende Zustimmung, war der PLO-Führer doch an der Planung terroristischer Aktionen beteiligt gewesen. Mit eben dieser Begründung könnte man allerdings auch führende israelische und amerikanische Politiker umbringen. (OWN 255f.)

Dreiunddreissig Sätze über Chomsky

♦

Erbarmungslos enthüllt Noam Chomsky die dunkle Seite der Macht. Er führt uns in Bereiche, wo nur wenige sich hintrauen. Jerry Brown

♦

Ein zorniger Anwalt bürgerlicher Aufklärung und ihrer Institutionen. Berliner Zeitung

♦

Der wohl wichtigste lebende Intellektuelle.

New York Times

♦

Er hat für die kognitiven Wissenschaften das getan, was Galilei für die Physik getan hat. Neil Smith

Selbst die schärfsten Attacken trägt er vor, als rede er über marginale Weiterungen seiner linguistischen Theorie. SÜDDEUTSCHE ZEITUNG

♦

Unter den geistigen Größen aller Zeiten rangiert Chomsky an achter Stelle, gleich hinter Platon und Sigmund Freud. CHICAGO TRIBUNE

♦

Es ist immer wichtig, die von Chomsky zitierten Quellen zu prüfen, vor allem, wenn es um Israel geht. ALAN DERSHOWITZ

♦

Einer der geachtetsten und einflußreichsten Intellektuellen der Welt. ROLLING STONE

♦

Chomsky verbindet Entrüstung mit Einsicht, Gelehrtheit mit moralischer Leidenschaft. IN THESE TIMES

Noam Chomsky ist eine Kultfigur. — Handelsblatt

♦

Einer der radikalen Helden unseres Zeitalters. — Guardian

♦

Im Land der Freien und der Heimat der Tapferen ist Chomsky ein Dissident. — Financial Post

♦

Chomsky hat eben einfach recht. — Mark Terkessidis

♦

Ihn nicht zu lesen heißt, der Unwissenheit huldigen. — Guardian

♦

Wenn die Konsensmauern undurchdringlich scheinen, können wir immer auf den ungezähmten freien Geist von Noam Chomsky rechnen. — Roy Kroevel

Gegen Israel eingestellte Akademiker wie Chomsky führen ihre Studenten in die Irre, indem sie ihnen erzählen, Israel und die Vereinigten Staaten pflegten eine »Verweigerungshaltung« und seien jedem politischen Kompromiß abhold, während die arabischen Staaten und die PLO ihn akzeptiert hätten. ALAN DERSHOWITZ

♦

Für Chomsky ist die Welt in Unterdrücker und Unterdrückte geteilt. Amerika, der Hauptunterdrücker, kann nur Unrecht tun, während die Sünden der Unterdrückten kaum je erwähnt werden. SAMANTHA POWER

♦

Wie kann er nur so schreckliche Dinge über die amerikanische Außenpolitik schreiben? NEW YORK TIMES

♦

Er hat die Fehler und die Tugenden des großen moralischen Kreuzritters. STEPHEN HOWE

Einer der einflußreichsten Intellektuellen unter den Verteidigern des Friedens. THE INDEPENDENT

♦

Chomskys Werk ist weder theoretisch, noch ideologisch; es ist leidenschaftlich und aufrichtig. Es hat etwas von der Offenbarung, den alttestamentarischen Propheten und Blake. TIMES LITERARY SUPPLEMENT

♦

Chomskys moralische Perspektive ist völlig einseitig.

KEITH WINDSCHUTTLE

♦

Amerikas nützlichster Bürger. BOSTON GLOBE

♦

Chomsky hat das gefährliche, manipulative, unbarmherzige Universum entlarvt, das sich hinter dem hübschen Namen »Freiheit« verbirgt. ARUNDHATI ROY

Seit zwei Jahrzehnten singt Chomsky einen einzigen analytischen Ton. Manchmal trifft er die richtige Note. Aber zu anderen Zeiten ist er auch erstaunlich taub. Leonard Zeskind

Als wahrer Manichäer kennt er nur Söhne des Lichts oder der Finsternis. Die Zeit

Für Chomsky ist Theorie wichtiger als Erfahrung.

Alan Dershowitz

Chomskys Methode ist die des Dokumentarfilms. Er reiht Fakten an Fakten, Polemik verbietet sich da.

Fritz J. Raddatz

Seine sozialistische Anarchodemokratie ist wohl eher ein auf Büchern erbauter Traum. Junge Welt

Laus im Nacken der Mächtigen. Heilbronner Stimme D

♦

Mr Chomsky ist ein Aufrührer, der sich vom sanften Sozialdemokratismus eines Richard Rorty nicht beeindrucken läßt. The Economist

♦

Seine argumentativen Laufwege sind so aufregend wie ein Parcours für Birkenstock-Träger. Die Zeit

♦

Chomsky ist kein Visionär, er macht die Drecksarbeit.

TAZ

Chomsky und die Aphoristik

Editorische Nachbemerkung

Wenn man die Geschichte liest, gerät man oft in Gefahr zu fragen: »Ist es ehrenvoller, ein Volk zu regieren oder gehenkt zu werden?« Seume, Apokryphen

I

Chomsky ist kein Aphoristiker, jedenfalls nicht in dem Sinn, wie es sich etwa von Lichtenberg, Nietzsche oder den französischen Moralisten sagen läßt. Sein Medium ist der Diskurs, der analytisch, argumentativ und informativ verfährt, und dergestalt den Anspruch wissenschaftlicher Genauigkeit und Nachprüfbarkeit erhebt. Seine politischen Schriften sind Ströme, die stark, beharrlich und gleichmäßig fließen und den, der sich ihnen anvertraut, gelassen durch die zerklüfteten Gefilde der Machtpolitik tragen. Sie bieten keinen schönen Anblick, aber am Ende winkt die Mündung mit dem Hafen, in dem die Gleichgesinnten sich einfinden und über Kultivierungsmaßnahmen beraten.
Der aphoristisch Denkende und Schreibende kennt solche Gewißheiten nicht. Er mißtraut dem System – »der Wille zum System ist ein Mangel an Rechtschaffenheit«, heißt es bei Nietzsche --, der logischen Ableitung, der geschlosse-

nen Darstellung, weil er die Wirklichkeit für zu komplex hält, als daß sie sich auf den oder überhaupt nur einen Nenner bringen ließe. Der Aphoristiker denkt in Brüchen, die nicht glevichnamig zu machen sind, weil auch das Leben sich keiner vorgegebenen Ordnung anbequemt. Tradierten Ideologien und anderen Religionen ist er abhold; er setzt, auch beim Leser, auf eigenständiges Denken, auf skeptische Vernunft, auf vorurteilslose Wahrnehmung dessen, was ist. Nichts Menschliches, nichts Unmenschliches ist ihm fremd, aber alles scheinbar Selbstverständliche. ▷

II

Allerdings gibt es zwischen der Wissenschaft und dem aphoristischen Denken keine unüberwindliche Kluft. Das bezeugt nicht nur sein antiker Ursprung, die medizinischen Lehrsätze des Hippokrates, sondern auch Francis Bacon oder die romantische Naturphilosophie eines Ritter und Novalis. Der Aphorismus ist weltzugewandt und wirklichkeitsneugierig, möchte Erfahrungen machen, auch Selbsterfahrungen des Denkenden, ist in einer Suchbewegung begriffen und versteht sich als deren Ausdruck. Aber er ist keine emphatische Bejahung dessen, was ist, und er betrachtet noch das Medium seiner Repräsentation, die Sprache, mit jener Skepsis, die er allen anderen Systemen entgegenbringt.

In dieser Hinsicht ist Chomsky gewiß kein Aphoristiker. Hinzu kommt, erschwerend, daß die politische Theorie, in deren Feld er sich, ohne Theoretiker sein zu wollen, bewegt, seit jeher zu geschlossenen Entwürfen geneigt hat. Von Platons »Staat« und Aristoteles' »Politik« über Campanellas Utopie und Hugo Grotius' völkerrechtliche Erwägungen bis hin zu Hobbes, Rousseau, Hegel und schließlich Rawls reichen die weitgespannten Erörterungen über Gerechtigkeit, Souveränität, Demokratie und das vollkommene Staatswesen. Immerhin sind Staaten und Gesellschaften selbst höchst vielschichtige Systeme, deren Funktionsweise, selbst wenn man sie, wie Marx, kritisch betrachtet, dem aphoristischen Zugriff zu entziehen scheint.

Natürlich hat das die Aphoristiker nicht daran gehindert, sich zur Politik zu äußern; auch hier zumeist ideologiefeindlich und den großen, menschheitsbeglückenden Ideen gegenüber abwartend bis abgeneigt. Die allzuoft gewalttätigen, ja blutig-ernsten Spiele der Macht mußten, wie auch die Revolutionen, die ihre eigenen Kinder fraßen, auf ein Denken, das sich der Individualität, der Freiheitlichkeit, auch der Subversion verschrieben hatte, abstoßend wirken. Für propagandistische Fanfarenstöße sind Aphorismen ungeeignet, ebenso jedoch für das geduldige Ausloten der Tiefen und Untiefen stiller oder reißender Wasser.

III

Kritiker etablierter Macht- und Politikverhältnisse ist Chomsky seit dem Vietnamkrieg; indes hat er es sich zur Aufgabe gemacht, die systematische Doppelmoral der US-amerikanischen Regierungen und Medien systematisch zu bekämpfen, d. h. jede Untat seines Heimatlands anzuprangern, jeder Lüge eine Wahrheit entgegenzusetzen, jedes Schweigen mit dem Hinweis auf Tatsachen zu durchbrechen. Aus diesem Anspruch resultiert eine Strenge, die das Denken dazu verhält, keinen Moment lang das Gesetz, nach dem es angetreten, zu vergessen.

So ist auch seine Sprache. Hart, nüchtern, sachlich noch in der Auflistung von Verbrechen, Greueltaten, Metzeleien, Opferzahlen. Mit stoischer Unerbittlichkeit verzeichnet sie die größten Ungeheuerlichkeiten. Subjektive Erregtheit ist ihr fremd, als wolle sie so die Schrecken, von denen sie berichtet, bannen. In ihr erklingt, tonlos nahezu, die Stimme des leidenschaftlich leidenschaftslosen Aufklärers.

Getragen aber wird sie vom Impetus des Moralisten. Das besagt nun gerade nicht, daß Chomsky moralisieren würde. Illusionslos schildert er das Wirken der Institutionen, die über Wohl und Wehe ganzer Bevölkerungen entscheiden: Welthandelsorganisation, Internationaler Währungsfonds, Weltbank, NATO, US-Regierung. Hilflos sind deren Opfer ihnen ausgesetzt; doch kaum besser ergeht es denen, die das politische und ökonomische Geschäft der Globalisierung, und das heißt für Chomsky: der immer stärker werdenden Asymmetrie von Macht und Reichtum, aktiv vorantreiben als Gefangene einer sich selbst reproduzierenden Gewaltmaschine, in der Politik zur Fortsetzung des Kriegs mit anderen Mitteln wird.

IV

Oft genug hat man Chomsky vorgeworfen, keine Alternativen aufzuzeigen, d. h., die Macht kritisieren, nicht aber dem Widerstand dagegen Wege weisen zu können. In der Tat begreift er sich nicht als Programmatiker einer »anderen« Politik, und seine Skepsis gegenüber einer »revolutionären Praxis« gründet in der Skepsis gegenüber einer Haltung, die den Austausch von Eliten schon als historischen und gesellschaftlichen Fortschritt begreift. Demgegenüber setzt er auf die Selbstorganisation der Individuen, die nur aus eigenständigem Denken und Handeln erwachsen kann.
Man könnte ihn in dieser Hinsicht als Anarchisten bezeichnen, was er sicher nicht ablehnen würde, denn seine politische Bewußtwerdung begann bereits mit dem Interesse des Zehnjährigen am Spanischen Bürgerkrieg. Doch die Wurzeln seines Denkens reichen weiter zurück, in die europäische Aufklärung des 18. Jahrhunderts und ihren staats- und religionskritischen Liberalismus, den Chomsky u. a. bei Adam Smith und Wilhelm von Humboldt findet.

V

Chomsky allzu einseitig der Tradition der Linken, sei es der syndikalistischen oder der sozialistischen, zuzurechnen, führt zu Verkennungen und Mißverständnissen, zu denen auch die ihm angedichteten Verschwörungstheorien gehören. Daß er kein Marxist ist, ja, schon den Begriff »Marxismus« für religionsverdächtig hält, hat er wiederholt betont, ebenso seine Sympathie für jenen kapitalismuskritischen Konservatismus, der von der industriellen Revolution die nachhaltige Zerstörung der gesellschaftlichen Verhältnisse befürchtete.

Es ist also an der Zeit, einen anderen Chomsky zu entdecken, dem beharrlichen, fast obsessiven Kritiker von Macht und Gewalt den sarkastischen, ironischen, witzigen Moralisten an die Seite zu stellen, der mit pointierten Formulierungen den Nerv einer Sache zu treffen versteht und auf diese Weise der großen Tradition des aphoristischen Denkens verbunden ist.

VI

Chomsky ist, wie gesagt, kein Aphoristiker. Nicht nur, weil er keine Aphorismen geschrieben hat, sondern weil es eher der sprechende als der schreibende Chomsky ist, der die Zuspitzung liebt, mit der er das Auditorium verblüffen kann. Diese angelegentlichen Bemerkungen jedoch haben oftmals Eigenschaften, die dem Aphorismus zugeschrieben werden: Kürze, Prägnanz, Verallgemeinerung, literarische Form – und diese auch dann, wenn sie einem mündlichen Kontext entstammen. Entscheidend nämlich ist (Puristen mögen da anderer Ansicht sein), ob eine aus dem Kontext gelöste Bemerkung für sich stehen kann, d. h., die Kraft hat, einen Sachverhalt blitzlichtartig zu verdeutlichen und damit zugleich, wie Vauvenargues meint, den Charakter des Autors zu enthüllen.

Charakterschwäche wird man Chomsky nicht nachsagen können; seine Zurückhaltung hat nichts mit Bescheidenheit zu tun. In seinen Büchern tritt er mit dem Anspruch auf, die Sprache der Tatsachen gegen das mediale Gewebe aus Lügen, Halbwahrheiten und Propagandaslogans ins Feld zu führen, doch tritt er als Autor zugleich hinter diesem Anspruch zurück, verschwindet nahezu in ihm. Die aphoristischen Bemerkungen zeigen ihn skeptischer, aber auch angriffslustiger, in streitbarer Subjektivität, von der die Linke ebenso wenig verschont bleibt wie die Vertreter der etablierten Macht oder das intellektuelle Leben.

VII

Überhaupt die Intellektuellen, vor allem die des Mainstream! Mit ihnen geht Chomsky am härtesten ins Gericht, wirft ihnen, wie es bereits Julien Benda 1927 tat, Kollaboration mit der Macht vor, deren Untaten sie verschweigen oder schönreden und erst dann vorsichtig kritisieren, wenn ohnehin schon alles zu spät ist. (Immerhin fragen sich jetzt einige der reflektierteren Vertreter, wie sie die Mär von den einsatzbereiten Massenvernichtungswaffen Saddam Husseins glauben und weiterverbreiten konnten.)

Chomsky setzt das Einfache und Klare gegen das Dunkle und Komplizierte, das die Intellektuellen in ihren jeweiligen Nischen kultivieren – das Stichwort »Windelwissenschaft« bietet ein schönes Beispiel für wirklichkeitsfremde Erklärungsversuche.

Jenseits von Ideologien und Doktrinen liegt die Wahrnehmung dessen, was ist, und zur Beurteilung politischen Handelns bedarf es nur einiger »moralischer Binsenweisheiten«. Die Politiken der Macht und die Betriebsamkeiten der intellektuellen Welt werden mit skeptischer Distanz betrachtet. In dieser Hinsicht ist Chomsky Moralist.

VIII

Abgesehen von all diesen tiefgreifenden Erwägungen ist es jedoch das Vergnügen an Erkenntnissen und Einsichten, das zur Lektüre von Aphorismen, Sentenzen, Maximen (oder wie immer man dergleichen nennen mag) reizt. Unter dem Stichwort Untaten heißt es: »Verlierer sind gezwungen, ihren Untaten einige Beachtung zu schenken. Sieger müssen das nicht.« Damit ist, in zwei lakonischen Sätzen, die Malaise nicht nur des 20. Jahrhunderts umrissen. Unter dem Stichwort Lohnniveau lesen wir: »Wenn von der Flexibilisierung der Löhne die Rede ist, geht es natürlich um eine Korrektur des Lohnniveaus nach unten, nicht nach oben«, und ersparen uns damit die Lektüre einiger wirtschaftswissenschaftlicher Abhandlungen. Und der Satz »Demokraten und Republikaner sind Fraktionen der Wirtschaftspartei« ist eine Einführung en miniature in das politische System der USA.

Solche und andere Spitzen fordern zum Nachdenken auf; auch zum Widerspruch, der eine Form des Nachdenkens ist. Chomskys Bemerkungen sind keine Wahr- und Weisheiten letzter Instanz, sondern komprimierte Zeugnisse eines eingreifenden und angreifenden Denkens, die es nicht verschmähen, an der Realität geprüft zu werden. Insofern handelt es sich um eine Aufforderung zum Selbstdenken, das ja eine der gesündesten körperlichen Betätigungen darstellt. Wer mehr wissen will, kann dann immer noch zu den anderen am Buchmarkt präsenten Publikationen Chomskys greifen, und sei es nur, um zu prüfen, aus welchem Zusammenhang ich als Herausgeber die Sätze gerissen habe.

IX

»Es kommt nicht darauf an«, heißt es bei dem großen Aufklärer und Aphoristiker Lichtenberg, »ob die Sonne in eines Monarchen Staaten nicht untergeht, wie sich Spanien ehedem rühmte, sondern was sie während ihres Laufes in diesen Staaten? zu sehen bekommt.« Dem würde Chomsky vorbehaltlos zustimmen, macht er doch, seit fast vierzig Jahren, publik, was die Sonne in so manchen Staaten der westlichen und östlichen Hemisphäre mit anzusehen gezwungen war und ist. Und damit setzt er das Programm der Aufklärung fort, auch in diesen Gedanken und Bemerkungen, die man Aphorismen nennen kann, aber nicht muß.

Michael Haupt, Juli 2004